DIALOGUES

DES

MORTS POLITIQUES,

PAR CHARLES NEATE,

ANGLAIS,

ANCIEN ÉLÈVE DU COLLÉGE BOURBON.

—————

PREMIER DIALOGUE.

—————

INTERLOCUTEURS :

MM. GUIZOT ET LOUIS BLANC.

—————

PARIS,

GARNIER FRERES, LIBRAIRES ÉDITEURS,

RUE RICHELIEU, 10,

ET AU PALAIS NATIONAL,

ET CHEZ J.-H. PARKER, A OXFORD ET A LONDRES

—

1849.

DIALOGUES

DES

MORTS POLITIQUES,

PAR CHARLES NEATE,

ANGLAIS,

ANCIEN ÉLÈVE DU COLLÉGE BOURBON.

PREMIER DIALOGUE.

INTERLOCUTEURS :

MM. GUIZOT ET LOUIS BLANC.

PARIS,

GARNIER FRÈRES, LIBRAIRES ÉDITEURS,

RUE RICHELIEU, 10,

ET AU PALAIS NATIONAL,

ET CHEZ J.-H. PARKER, A OXFORD ET A LONDRES.

1849.

Paris. — Typographie de Firmin Didot frères, rue Jacob, 56.

AVIS.

Je crois devoir des excuses à ceux dont j'ai emprunté les noms, à la nation dont j'ai adopté la langue.

Mon excuse aux premiers, qui me sont tous deux étrangers, est d'abord, que leurs noms se présentaient naturellement comme l'expression des deux principes opposés du mouvement et du repos, et que la parité de leurs fortunes semblait pouvoir permettre un rapprochement entre leurs personnes. Mais ma justification envers eux est surtout dans la manière dont je crois avoir usé de la liberté que j'ai prise.

Je ne pense pas sans doute avoir reproduit dans les pages suivantes, ni l'éloquente vivacité de l'un, ni la grave et puissante parole de l'autre. Mais j'ai fait de mon mieux pour prêter aux idées de tous les deux, sans aucune préférence d'auteur, tout ce que j'ai en moi de raison et de force.

Quant à l'usage d'une langue qui, tout étrangère qu'elle m'est, m'a cependant été familière depuis mon enfance, il m'était nécessaire d'abord, en m'adressant à des Français, de parler tant bien que mal leur langue, et il serait impossible, je crois, de traiter si convenablement en aucune autre langue, un sujet dont la France surtout a fait les frais en idées et en souffrances.

C'est aux Français à juger s'il y a assez de mérite dans ce petit ouvrage pour justifier ce qu'il peut avoir de présomptueux; leur jugement sera sans appel, leur indifférence sera sans remède; mais on ne m'ôtera pas du moins la conscience de mon impartialité, ni le plaisir que j'ai éprouvé à ne chercher dans tout ce que j'ai écrit rien que la justice et la vérité.

PREMIÈRE PARTIE.

La première partie du dialogue est censée avoir eu lieu en Angleterre au mois de septembre 1848, et fut publiée à Oxford à la fin de cette année.

M. GUIZOT.

Eh bien ! citoyen Blanc, vous voilà donc aussi arrivé déjà sur cette terre si près de la France, chez cette nation qui en est si loin. Je ne sais pas précisément ce qui a pu vous amener ici ; mais, s'il m'est permis de vous emprunter un mot (1) que vous prêtez quelque part à un de mes anciens collègues, qui du reste est bien dans le cas de vous le rendre, mettez la main dans votre poche, et si vous n'y trouvez pas un passe-port, vous devez y trouver un événement : le peuple français en a pour le moment ses poches toutes pleines.

M. LOUIS BLANC.

Il n'est pas nécessaire, je crois, que je vous raconte en détail l'occasion à laquelle je suis redevable de l'hos-

____

(1) Ce mot est attribué par M. Louis Blanc à M. Thiers comme ayant été adressé par lui au duc de Broglie : « Mettez la main dans votre poche, mon cher duc, et vous allez y trouver un événement. » *Hist. de Dix Ans.*

pitalité anglaise. Vous savez sans doute déjà, et qu'il vous suffise de savoir, que c'est un peu malgré moi que je me trouve sur les bords de cette Tamise, où la Liberté proscrite a le privilége d'errer, comme une âme en peine aux rivages du Styx. Mais n'oublions pas, Monsieur l'ex-ministre, que vous y étiez avant moi, et un peu par moi, et que vous y resterez, comme je pense, plus longtemps. Non pas que j'aie besoin de consoler ma défaite par le spectacle d'une ruine plus complète que la mienne : croyez plutôt, Monsieur, que j'ai plus de plaisir à rencontrer en vous ici un compatriote illustre qu'un vaincu mémorable.

M. GUIZOT.

A la bonne heure, Monsieur, je suis charmé de vous voir dans ces sentiments, qui répondent d'avance aux miens. Et moi aussi, si j'avais besoin de consolation, je la trouverais en moi-même. Mais pour mon propre compte, et si je pouvais oublier les désastres dont je n'ai pu sauver ma patrie, je me trouverais bien d'être où je suis, et ce que je suis : les allures et les idées de ce pays me conviennent assez, et si je suis moins riche qu'un honnête homme ne devrait l'être en Angleterre, vous le savez, Monsieur, ce n'est pas la richesse du moins que j'ai demandée aux grandeurs, — et pour un homme borné dans ses désirs, c'est déjà quelque chose que de n'être pas ministre de France.

M. LOUIS BLANC.

Mais que diriez-vous donc si vous aviez jamais été d'un gouvernement provisoire?

M. GUIZOT.

C'est encore là pour moi, Monsieur, un sujet de consolation. J'ai administré une révolution comme je l'ai pu, mais je n'ai jamais aidé à en faire, pas même celle de Juillet. Et quand je regarde la fille qu'elle a mise au monde à l'âge de dix-huit ans, je me félicite de n'avoir fait qu'assister à la naissance d'une mère, si prompte à concevoir des enfants si terribles.

Mais en vous parlant de ce que j'ai fait et de ce que je n'ai pas essayé de faire, je ne dois pas oublier que vous êtes avant tout, et que vous resterez, je pense, après tout, historien distingué, et je voudrais bien me rendre plus propice qu'elle ne m'a été jusqu'à présent la Muse de votre Histoire ; — c'est surtout en vous lisant qu'on se rappelle que l'histoire avait aussi sa Muse. — Quand donc il vous arrivera d'ajouter à cette Iliade que vous avez faite, cette Odyssée qui vous reste à faire, vous n'oublierez pas, j'espère, que nous avons été, c'est quelque chose de plus qu'un motif de bienveillance, compagnons d'exil. Mais j'ai tort peut-être de prendre souci de la postérité, comme si elle aussi n'était pas une vieillerie reléguée comme tant d'autres au domaine du passé; car, à travers le gouffre que vous cherchez à mettre, j'avais presque dit à établir, entre le présent et l'avenir, les noms mêmes qui ont traversé tous les siècles, auront peine à se faire jour. Toutefois, que vous parliez au nom du temps présent ou de tous les temps, ce que vous direz de moi est loin de m'être indifférent. Vos livres auront bien, je crois, comme votre gouvernement, un peu du provisoire; mais, s'il ne vous est pas donné de prononcer en définitive le jugement de l'histoire, ce que vous aurez écrit sera bien certainement une pièce importante du procès.

M. LOUIS BLANC.

Eh bien, Monsieur, vous aurez de moi la justice. Il me serait impossible de vous donner moins, et je ne voudrais pas vous offrir davantage. Mais en me supposant votre historien, vous me constituez votre juge, et c'est à vous à vous justifier. Vous avez d'abord contre vous, et vous aurez toujours, le tort de n'avoir pas réussi.

M. GUIZOT.

Si c'était pour moi une question d'amour-propre seulement, il me suffirait pour justifier ma défaite, je pourrais dire pour glorifier ma lutte, de montrer du doigt les ruines qui sont à ma place. L'explosion de la mine sur laquelle j'ai été si longtemps assis, fait assez voir au monde de quel poids j'ai pesé sur l'anarchie comprimée ; et s'il a manqué à mon gouvernement l'illustration d'une gloire guerrière, c'est peut-être plus qu'une victoire, d'avoir, en face de tant d'ennemis domestiques, et eux si acharnés, maintenu, à la pointe de l'épée — ma paix de sept ans.

Mais je tiens peu, croyez-moi, à la gloire que je pourrais tirer du combat que j'ai soutenu, des malheurs mêmes que j'ai reculés : j'ai bien plus à cœur de voir mettre à profit par la France, si toutefois il n'est pas trop tard, l'enseignement de ma chute, l'expérience de la faute qu'elle a faite, en me laissant choir. Ce qui a manqué alors à mon gouvernement, ce qui a manqué et manque encore à la France, ce n'est pas le jugement ni la fermeté de ses chefs, ce n'est pas l'intelligence ni l'énergie de ses enfants ; c'est cet esprit public qui devrait mettre en accord ces divers éléments de puissance et de prospérité. Je ne parle pas seulement de cet esprit public, qui se rapporte dans un État à d'anciennes institutions, qui est l'attachement d'un peuple à ses vieilles habitudes politiques, — un esprit public de cette trempe n'était guère possible en France, — mais je parle aussi de cet esprit public secondaire, sans lequel nulle association politique ne peut longtemps subsister, l'esprit d'une franche et loyale coopération vers un but commun. Il y avait bien en France une classe assez nombreuse et respectable qui ne demandait pas mieux que de se laisser gouverner ; il y avait de plus une classe, assez nombreuse aussi, dont le zèle et le dévouement même étaient acquis à tous les gouvernements, au mien du moins comme à celui de M. Thiers, au prix ou par l'espoir d'une place ; mais il y avait aussi, personne ne le sait mieux que vous, une autre section ou bande, qui s'était donné pour mission de rendre tout gouvernement impossible ; — et pour une classe dont l'appui désintéressé pouvait en imposer à l'opinion, dont le zèle actif pouvait dans l'occasion prêter main-forte à l'autorité, il y avait bien, çà et là, des hommes de la sorte, mais comme classe ils n'existaient pas ; — non pas, je l'espère, qu'il y a dans le caractère Français plus que la part ordinaire d'égoïsme et d'indifférence, mais c'est qu'il est difficile à une nation de posséder des vertus auxquelles elle ne croit pas.

Quoi qu'il en soit, c'est un esprit public, comme je viens de le décrire, qui nous a manqué aux jours de Février, beaucoup plus que les bras de la garde nationale : nous aurions pu suppléer à ceux-là par le canon et la fidélité de nos troupes, car, sans avoir peut-être cette « âme héroïque (1), » dont vous faisiez honneur, il y a quelque temps du moins, au général Cavaignac, nous avions assez de force à notre disposition, pour avoir raison d'un peuple qui n'était encore ni victorieux ni organisé. Mais à quoi bon remporter une victoire qui

______

(1) **Hist.** de **Dix Ans.**

n'eût été qu'un crime de plus aux yeux mêmes de ceux qui lui auraient dû leur salut, et ajouter ainsi par un succès éphémère à cet amas de haines conjurées, auxquelles la Providence réservait un jour la leçon de leur triomphe? Ajoutez à cela, c'est notre plus belle excuse, cette mansuétude, cette longanimité, toutes royales, qui restaient encore au monarque déchu, comme le dernier fragment de sa couronne ; car la royauté a toujours été plus avare du sang de ses sujets que ne l'est la République de celui de ses enfants, et vous direz, je crois, avec moi, quoiqu'on en ait autrement jugé, surtout en ce pays, que ce n'est pas nous qui avons manqué à la bourgeoisie, mais la bourgeoisie qui a manqué à nous, à elle-même, et, comme je le pense aussi, au monde civilisé.

M. LOUIS BLANC.

Je ne suis pas de ceux, Monsieur, qui imputent à un manque de cœur en Louis-Philippe qu'il ait préféré en cette occasion la fuite au combat. Quand à l'heure suprême de sa dynastie, il s'est vu renié par cette bourgeoisie pour laquelle il avait dix-huit ans renié la nation, quelque chose de plus fort, de plus respectable que la peur, a dû étonner ses esprits ; placé qu'il était entre deux camps, dont l'un ne voulait pas de roi, et l'autre ne voulait plus de lui, il a dû sentir qu'il n'y avait pas là pour lui une révolte à supprimer, mais une destitution à accepter. Il pouvait bien peut-être commander un massacre, mais ce n'eût même pas été la guerre civile. C'était donc un conseil de femme qu'on lui donna « de monter à cheval et de mourir en roi. » Ce « beau désespoir, » qui du reste n'était pas, je pense, dans son caractère, n'était certainement pas dans son rôle; il a mieux fait de monter en voiture.

Mais, s'il vous est facile de vous excuser de n'avoir pas combattu avec plus de vigueur pour des gens qui vous tournaient le dos, ne vous vient-il pas dans l'esprit de songer à quel point vous étiez vous-mêmes coupables de leur désertion? Ce n'est pas sans doute le courage qui a manqué alors à la bourgeoisie de Paris, elle l'a assez montré depuis, c'est, comme vous le dites bien, l'esprit de confiance et de loyauté; mais la confiance, Monsieur, est un sentiment qui demande surtout la réciprocité, et dites-moi donc, quelle preuve de confiance aviez-vous donnée de votre part à cette bourgeoisie qui était votre peuple?

Non content de maintenir le cens électoral à un point qui semblait faire de l'Angleterre, en comparaison de nous, un état démocratique; non content de vous établir sur une base dont Polignac et ses collègues n'avaient d'abord pas désespéré (car pour cette mesquine réforme où le cours de la révolution de Juillet commença sitôt à se perdre, cette extension du suffrage qui n'était, comme tout le reste de votre système, qu'une mauvaise doublure de la restauration, je vous avais presque fait la grâce de l'oublier); mais non content, dis-je, de restreindre à de si minces proportions les droits électoraux, vous faisiez tout ce qui pouvait se faire en ce genre, pour entraver, même dans ces limites, la liberté électorale. J'aurais trop de peine à décrire en détail les misères de cette espèce qui ont déshonoré votre régime, mais l'expérience de la bassesse en grand, qu'ont dû vous donner vos trois ou quatre ministères, peuvent assez vous faire comprendre à quel degré de petitesse et de vilenie arrivait enfin, se dégradant de plus bas en plus bas, l'influence ministérielle. Et quelle place, je vous le demande, parmi toutes celles qui se donnaient à la vénalité électorale, laissiez-vous, ou faisiez-vous, à la loyauté désintéressée? La loyauté, Monsieur, comme tous les autres bons sentiments, a la pudeur qui lui est propre; elle n'aime pas à se produire là où elle est sujette à être méconnue, et vous aviez, à dire vrai, trop de claqueurs dans votre parterre, pour qu'un ami véritable et honorable osât témoigner de son approbation.

Il faut de plus, à cet esprit public dont vous parlez, un principe et un objet. Et où le trouver, ce principe ou cet objet, dans cette longue succession de stériles débats, dans ces faces ou facettes toujours changeantes d'un système tournant sans cesse autour de son pivot, d'un mouvement qui ne menait à rien? Est-il surprenant que l'esprit public se soit lassé de courir, comme un cheval au manége, dans le cercle étroit de vos querelles parlementaires, et que l'opinion se soit enfin laissé prendre de dégoût, pour tous ces partis à nuances plutôt qu'à couleurs diverses, se disputant à si grand bruit pour si peu de chose ?

Il y avait bien il est vrai, au fond et pour fin de tout cela, la dynastie de Louis-Philippe et le maintien de la caste bourgeoise. Mais pour ce qui est de la dynastie, vous le savez bien, cet attachement aveugle et passionné qui se prodigue peut-être à la légitimité imbécile, ne se vend que bien cher à la royauté parvenue, et la France, je ne sais trop pourquoi, n'en était jamais venue, à l'égard de Louis-Philippe, même à l'amour raisonnable. Et quant à la bourgeoisie, froissée, refoulée qu'elle était dans ses prétentions de domination parlementaire, il y avait dans la part plus large que grande qu'on lui faisait, un bien-être trop crûment matériel, il y avait à le défendre un égoïsme trop nu, pour qu'elle pût trouver là de quoi s'échauffer le cœur et se rallier au combat. On se bat bien sans doute pour son pot-au-feu, mais on ne met pas une marmite sur son drapeau ; et c'est surtout eu France qu'il faut à tous les partis un drapeau et un nom.

Ajoutez à cela ces scandales pécuniaires qui sont venus, dans ces derniers temps, troubler dans l'âme de la bourgeoisie la foi même qu'elle avait en la probité de ses chefs, scandales qui certes ne vous touchaient aucunement dans votre honneur personnel, mais que vous avez pourtant aggravés plutôt que dissimulés par une dédaigneuse nonchalance ; et puis mettez en dessus de tout, cette humiliation prolongée que vous avez fait subir à la France, aux yeux et au profit de l'étranger, et vous n'aurez pas lieu de vous étonner ni de vous plaindre, si la bourgeoisie a mieux aimé s'en fier au peuple, le plus généreux, parce qu'il est le plus fort, de tous les maîtres, que d'accepter plus longtemps le bénéfice honteux d'une exploitation mutuelle que lui offrait votre système, et si elle a repoussé enfin la solidarité que cherchait à lui imposer, comme prix de sa protection, un gouvernement sans pudeur ni honneur.

M. GUIZOT.

Vous êtes bien bon, Monsieur, de ne pas m'imputer ma part dans cette corruption officielle qui a coûté à d'autres leur honneur et la vie ; et je dois peut-être vous remercier aussi de ne m'avoir pas impliqué, quelque peu du moins, dans cette déplorable tragédie domestique, ce crime exceptionnel non moins qu'horrible (1) que l'opinion publique, sous l'empire de cette mystification où on l'avait jetée, rattacha, je ne sais comment, au régime du plus doux, du plus casanier de tous les princes.

Toutefois, il ne manque à vos accusations ni l'exagération ni le fiel ; mais il s'agit de savoir au vrai à qui plutôt, de la bourgeoisie ou du roi, il faut imputer cet esprit de mécontentement et de méfiance qui les a perdus tous deux : je ne crains pas de l'affirmer, quoique vous

______

(1) L'assassinat de la duchesse de Praslin.

ayez dit, le mal ne venait pas d'en haut. Jamais prince ne se livra à son peuple avec une franchise plus ouverte, une confiance plus magnanime, et, il faut le dire à notre honte, plus courageuse, que n'en montra au peuple français Sa Majesté Louis-Philippe. J'en parle, Monsieur, comme d'un roi, car vous le savez bien, et vous l'avouez même dans votre histoire, quoique ce soit, telle est votre justice, plutôt pour en faire un crime à La Fayette qu'un mérite à Louis-Philippe, c'était bien la royauté, et non pas une présidence, qu'il consentit à accepter de la révolution de Juillet. Mais tout roi qu'il était, et qu'il voulait être, par le pouvoir, il n'eut rien tant à cœur que de faire sentir au peuple qu'il s'était résigné à gouverner, qu'il était, par le sentiment, non pas, à dire seulement, le premier citoyen de l'État, mais tout simplement le premier bourgeois de la France; accusant, comme il faisait en toute occasion, la popularité de son avénement, par la popularité de ses mœurs, la facilité de son accès, l'épanchement de son discours, la familiarité de ses façons.

M. LOUIS BLANC.

C'est-à-dire, Monsieur, qu'il aurait bien voulu nous faire accepter un despotisme tempéré par la bonhomie!

M. GUIZOT.

Du tout, Monsieur. Rien ne convenait moins que le

despotisme, soit aux goûts, soit aux principes de Louis-Philippe; rien surtout ne s'accordait moins avec ces prévisions de père de famille dont on a fait son plus grand crime. Comme Français et comme roi, il désirait par-dessus tout faire faire à la France l'apprentissage heureux d'un régime constitutionnel; comme père, il aurait, je crois, volontiers donné sa vie, comme il la risquait tous les jours, pour affermir ces institutions parlementaires, qui seules pouvaient abriter et transmettre l'héritage de ses enfants.

Rectorque senatûs
Sed regnantis erat,

était bien la devise de sa couronne; plût au ciel que ce fût aussi le résumé de son règne !

Et s'il est vrai qu'il voulait être un peu trop le maître de son gouvernement, s'il a du moins, dans cette intention, porté plus loin que d'autres ses petits manéges de roi constitutionnel, il faut se rappeler qu'il n'était pas seulement, comme les autres rois de cette catégorie, appelé à régner par l'accident de la naissance, mais appelé à gouverner aussi par la confiance personnelle qu'avait en lui la nation; qu'il n'avait pas pour mission, seulement de porter une couronne, mais encore d'établir une constitution, et, comme il l'a cru aussi, de fonder une dynastie.

Regardez un peu, je vous prie, à l'histoire de cet autre roi, dont la position était, sous tant de rapports, analogue à la sienne; je parle de Guillaume III, roi d'Angleterre. Là aussi, la nation avait besoin d'un nouveau chef, pour la défendre du despotisme, comme la France avait besoin de Louis-Philippe; et elle en avait certainement besoin pour la défendre de l'anarchie. Dans cet état de choses, en France comme en Angleterre, les partis, occupant la place entre la nation et le roi, étaient de nécessité réduits à un rôle secondaire; et certes Louis-Philippe a moins abusé que Guillaume III du besoin qu'on avait de lui. Non pas que ce dernier s'immisçât trop dans les affaires de son pays adoptif; mais plutôt, usant de sa prérogative pour échapper à ses devoirs, il marchanda le pouvoir, selon l'occasion, aux partis qui pouvaient lui mettre le plus librement à la main l'épée de l'Angleterre, et les obligea l'un après l'autre à défrayer, en dépit d'eux, mais toutefois aux dépens de la nation, la gloire de sa pertinacité malencontreuse.

M. LOUIS BLANC.

Mieux valait cela que de faire plier successivement l'honneur et l'humeur de tous les partis au système de la paix à tout prix.

M. GUIZOT.

Je n'ai garde d'oublier que c'est là un de vos chefs

d'accusation. Ce n'est pas, je vous assure, la difficulté de la réponse qui me fait vouloir ajourner la question. Mais pour le moment, je m'attache plutôt à vous faire sentir qu'il n'y avait rien ni dans l'attitude de Louis-Philippe vis-à-vis de son peuple, ni dans l'esprit de son gouvernement, ni même dans ses prétentions gouvernementales, qui pût justifier la défiance, ou qui dût provoquer la jalousie.

Pour en venir maintenant à ces questions plus spéciales auxquelles vous avez touché, le cercle électoral était, je vous l'avouerai, d'une exiguïté choquante ; mais forcés que nous étions, par le tiraillement des factions, à la résistance et à l'immobilité, il s'agissait bien plus pour nous d'affermir la constitution dans les limites où nous l'avions trouvée, que d'étendre la base de nos opérations, et donner ainsi plus de prise à nos ennemis. — Je me sers, vous le voyez, du langage militaire, qui convient plus que tout autre à la politique française, car quelle guerre si hostile, si acharnée que nos dissensions ? — Toutefois, nous étions dans l'intention de nous délivrer de ce reproche, et de donner encore une fois à la nation l'exemple de la confiance qu'elle nous refusait ; et si nous avions tardé si longtemps à le faire, c'est que nous avions voulu d'abord accoutumer la classe électorale en possession, à s'appuyer sur nous, à marcher avec nous, non pas je veux dire dans les voies ou dans les intérêts de tel ou tel ministère, mais afin de pouvoir fournir en eux au système plus étendu, un centre stable, un cœur sain et ferme. Nous espérions aussi un peu que dans le même intervalle la partie de la nation en dehors du cens, accoutumée, par le fait, à l'idée d'un gouvernement fixe et permanent, et désabusée, par l'expérience, de l'espoir, de l'attente du moins, où l'on cherchait à l'entretenir, d'un changement tout prochain, en viendrait enfin à accepter, en désespoir de cause, le repos et la prospérité.

Mais voyant, comme il arriva, que ces électeurs rares et choisis, cette élite de la France pour le savoir et l'intelligence, si loin qu'ils étaient d'exercer ou de mériter cet ascendant qu'ils auraient dû avoir, s'étaient laissé dire tant de phrases pour des vérités, s'étaient laissé imposer si facilement des charlatans pour de grands hommes, et vos pamphlets pour de l'histoire, s'étaient enfin laissé, eux aussi, débaucher l'esprit par ces velléités de révolution, qui accusent bien plus notre impuissance pour le bien que notre énergie pour le mal, nous avions bien le droit d'hésiter longtemps, avant d'ouvrir la carrière politique à une classe, bien autrement que la première, facile à séduire et à pousser, bien autrement esclave des grands mots et des petits hommes, enfin bien plus éperdument abandonnée à cette éloquence banale et menteuse, par laquelle le peuple le plus spirituel du monde s'est laissé si longtemps, si bêtement exploiter. Quant à cette corruption excessive, et à vous entendre, presque obscène, que votre délicatesse se répugne à décrire, non-seulement elle n'était pas de mon ressort, mais elle n'est pas même de ma connaissance.

Je puis pourtant vous avouer que, dans la lutte que nous avions à soutenir, nous n'avons pas cru qu'il nous fût permis de renoncer à un moyen que l'usage de nos prédécesseurs, non moins que la nécessité des temps, nous mettait à la main. C'est un sujet d'ailleurs, tout pénible et scabreux qu'il est, dont les gouvernés ont à tirer leur leçon bien plus que les gouvernants ; car une nation fait son gouvernement beaucoup plus que le gouvernement ne fait la nation ; et, en France, je puis maintenant vous le dire franchement, les mœurs politiques sont telles, que si elles peuvent comporter une constitution libre, elles ne comportent pas du tout un gouvernement libéral. Échappée au régime de l'influence, ou, si vous insistez sur le mot, de la corruption, elle tombera de suite sous le régime du fer, et dans ce pays où il y a dans l'opinion tant d'inconséquence et d'étourderie, en dehors de l'opinion, tant de passion et d'aveuglement, où le zèle est si froid, l'indifférence si frondeuse, et où la haine seule est enthousiaste, c'est plutôt le malheur que la faute d'un ministre, s'il est obligé d'ajouter à la foi de ce qu'il peut dire, l'espérance de ce qu'il peut donner.

M. LOUIS BLANC.

Que n'y mettiez-vous aussi un peu de charité? vous auriez alors embelli votre parole de ministre de toutes les grâces chrétiennes !

M. GUIZOT.

Pour le moment, du moins, je n'en ai pas besoin. Il me suffit de la raison toute simple, si vous voulez bien l'entendre.

La réforme électorale, et tout ce qui s'y rapporte, n'était, après tout, qu'un moyen ; et peut-être par d'autres moyens le gouvernement a-t-il pu arriver, autant que lui permettait de marcher son état perpétuel d'antagonisme, aux fins que se proposait la nation, je ne parle pas d'une faction seulement, à la révolution de Juillet. S'il ne nous a pas été possible de faire porter à cette révolution tous les fruits dont elle recélait la semence, du moins n'avons-nous jamais essayé de fausser son intention, ni troublé, au cœur de la nation, la sécurité de son triomphe.

Les deux ennemis que la France avait surtout cru vaincre pour la seconde et la dernière fois à la révolution de 1830, étaient, vous le savez bien, la noblesse et les prêtres ; et le gouvernement de Louis-Philippe, sans toutefois vouloir pousser trop loin la victoire qu'on avait remise entre ses mains, n'a jamais permis, comme il l'a fait voir dans ces derniers temps, qu'on la révoquât en doute ; et la France, se confiant à cette vigueur, et prenant exemple de cette modération, a peut-être gagné quelque chose à traiter en amis et en frères ceux dont elle n'avait plus à redouter les prétentions ni l'intolérance.

Mais la révolution de Juillet était, je le sais bien, elle aurait été du moins, si on l'avait laissé faire, non-seulement une victoire, mais un progrès. La France du moins avait le droit d'en attendre le développement de ses institutions dans le sens populaire, et l'accroissement, en tant que possible, du bien-être moral et matériel de sa population. Pour ce qui est des institutions, soit centrales, soit municipales, nous avons fait, je crois, comme je l'ai déjà démontré, ce qu'on nous a permis de faire. Pour le reste, soit que vous regardiez aux arts, et surtout aux arts de leur côté national et populaire, soit à l'éducation, soit à l'agriculture, soit au commerce, soit aux moyens défensifs du pays, soit au rapprochement de ses différentes parties par une communication plus facile ; ce n'est pas certainement ni le zèle ni la direction du gouvernement, encore moins l'exemple ni la munificence de son chef, qui ont manqué à la France, pour la pousser dans les voies de ce seul progrès que nous croyions, et que je crois encore possible. Et si son amélioration morale n'a répondu ni à nos efforts ni même à notre attente, nous aurions pu, du moins au mois de février, transmettre à nos successeurs, si nous en avions eu, une France plus belle, plus forte, plus commode, plus abondante, plus disponible, et en tout point de meilleur rapport que celle que nous avions reçue. En fin de compte, et pour tout dire en deux mots, le gouvernement de Louis-Philippe a toujours voulu ce qu'il devait vouloir, il a fait ce qu'il a pu et comme il l'a pu.

M. LOUIS BLANC.

En vérité, Monsieur, si vous bornez à si peu de chose
la mission et les prétentions de votre gouvernement, il
n'y a pas, pour les faits du moins, à discuter entre
nous. Sans doute vous avez bâti des forts, mais contre
quels ennemis? Vous avez agrandi des arsenaux et
creusé des bassins, mais c'était vraiment à vous un luxe
dont vous avez plutôt à vous excuser. Les grandes
routes aussi sont plus belles, et même les chemins vici-
naux ont eu leur part de bénéfice dans la corruption
électorale : mais qu'a gagné la misère qui gît aux deux
côtés, à ces facilités qui permettent au voyageur aisé
d'échapper plus rapidement à son aspect? Les chemins
de fer aussi vous doivent leur inauguration; mais c'est
à la banque et à l'agiotage à vous remercier d'avoir abdi-
qué en leur faveur les fonctions de l'État. Quant à cette
répression du parti prêtre, qu'à défaut de toute autre
vous nous donnez pour victoire, la France n'a pas, que
je sache, à se plaindre de Louis-Philippe sous le rapport
de la religion, mais elle n'avait pas absolument besoin
de lui pour la sauver des jésuites et du pape. Pour ce
qui est de la noblesse, la différence vraiment du gentil-
homme au bourgeois est à mes yeux si minime, que les
différends que ces messieurs peuvent avoir entre eux ne
m'intéressent guère. Si pourtant il me faut envisager
cette question du point de vue bourgeois, car après

tout je suis bien né bourgeois moi-même, je dirai que Louis-Philippe ne s'est pas assez gardé, en apparence du moins, d'une faiblesse monarchique pour la gentil-hommerie. Il n'a pas sans doute songé à reconstituer le régime féodal, mais il n'a peut-être pas assez résisté à cette suprématie de salon que s'arrogeait, à défaut de toute autre, la noblesse déchue, il n'a pas assez défendu à sa famille de solliciter la faveur et, comme on l'a dit, d'essuyer l'impertinence du noble faubourg. C'est la vanité, ou, si vous le voulez, la fierté bourgeoise qui a fait notre première révolution, et le même sentiment a peut-être un peu contribué à laisser faire celle qu'il nous faut, pour le moment, appeler la dernière.

M. GUIZOT.

Sans doute, Monsieur, les rois, même les plus forts, aiment toujours un peu trop la noblesse, comme les femmes, même les meilleures, aiment toujours un peu trop la dentelle : c'est toujours un ornement, c'est quelquefois un instrument : mais, comme Sa Majesté Louis-Philippe n'eût pas été femme à se donner pour une parure, il n'était pas roi non plus à s'incliner devant des noms; et, quelles que fussent les relations avec le faubourg Saint-Germain qu'il ait permises à sa famille, il était, vous le savez bien, lui-même, dans ses façons et ses habitudes, dans sa manière d'être et de vivre, d'une bourgeoisie irréprochable, je dirais presque d'une bourgeoisie exquise. Toutefois, peut-être a-t-il eu tort de souffrir, même un commerce de société, avec des gens qui se faisaient gloire d'appartenir à la faction la plus détestable, si elle n'était la plus insensée qui fût jamais ; non pas certainement que j'eusse disputé aux légitimistes le privilége des regrets ; mais s'ils croyaient de bonne foi que la France pût jamais de son gré revenir à eux, c'était vraiment d'une folie à faire douter de la raison humaine. Une nation peut bien peut-être remonter une marche qu'elle a descendue par un faux pas, mais elle ne remontera pas un étage, sans y être hissée par la force. Une nation d'ailleurs n'a jamais pardonné deux fois, et dans ce pays, toujours à la veille ou au lendemain d'une révolution, où tout est livré au désir et à l'espoir de tous, le seul de tous les Français à qui il fût impossible de devenir roi de France, était le petit-fils de Charles X ; sans miracle du moins, ou ce qui est presque la même chose, sans conquête par l'étranger. Si c'est là, en effet, que visaient leurs espérances, si c'est en provoquant la conquête par la révolution qu'ils comptaient ramener la France vers eux, je n'ai pas besoin de vous dire par quels termes d'ignominie il vous conviendra, comme historien, de flétrir à tout jamais une faction parricide ; mais je vous rappellerais volontiers que vous aurez en même temps à vous justifier, vous et vos amis, d'avoir accepté leur appui, d'avoir encouragé leur audace, applaudi à leurs calomnies, et marché enfin avec eux, dans les mêmes voies, vers un but commun. Vous saviez bien pourtant, tout forcenés patriotes que vous étiez, qu'ils avaient derrière eux l'invasion, comme ils savaient bien, eux, ces zélateurs outrés de la religion et des lois, que vous aviez devant vous l'anarchie.

M. LOUIS BLANC.

Il serait, ce me semble, plus juste de dire simplement que nous avons mis à profit, comme cela se fait par tous les partis, les inimitiés des légitimistes; comme nous avons aussi dans le temps, et vous-même aussi un peu, mis à profit l'opposition toute dynastique de M. Odilon Barrot, dont, à mon avis, les idées politiques ne sont ni mieux fondées, ni plus réelles, ni en dernier ressort plus possibles que les rêves des légitimistes. Et c'est précisé- ment parce que les projets de ces derniers étaient à nos yeux d'une impossibilité flagrante, qu'il nous a semblé permis d'atteler cette haine aussi au char de notre pro- grès.

Les services d'ailleurs qu'ils ont pu nous rendre étaient tous dans les limites du vrai. Car c'est en faisant ressortir la dégradation du pays, par le contraste de ce qu'il était, même sous la restauration, en opposant au vainqueur de Jemmapes et de Valmy, et lui opposant avec avantage l'âme petite et cauteleuse de Louis XVIII, la vieillesse frivole et superstitieuse de Charles X, qu'ils ont surtout fait sentir à la France au prix de combien de gloire elle avait acheté ce peu de repos. Ce n'est pas sans doute cette pensée seule qui ameuta contre vous aux jours de Février le peuple victorieux, mais c'est peut-être la conscience de votre humiliation qui refroidit votre courage, et c'est certes le ressentiment de vos bassesses qui enflamma le leur.

M. GUIZOT.

Sans doute, Monsieur, le moyen dont vous parlez était un des plus effectifs que vous aviez, mais c'était aussi le plus faux. Si la dignité du nom français a été compromise en aucune façon durant le temps dont nous parlons, cela a été bien plus par le zèle officieux et bruyant de ceux qui la faisaient si frêle, que par la confiance et le calme de ceux qui la croyaient si forte ; et s'il était possible à une nation grande et terrible comme la nôtre de se faire petite et ridicule, elle le serait devenue par cette exagération puérile, et presque comique, qu'elle mettait à maintenir à tout propos et hors de tout propos son point d'honneur. Il n'y a rien, croyez-moi, de si peu respectable ni de si peu respecté, rien en un mot de plus *mauvais genre* entre peuples, que cette *crânerie* nationale dont vous, plus que tout autre, avez infecté les esprits ; et plus d'une fois, lorsque nous avons eu comme gouvernement à exiger d'une autre nation une amende qu'elle ne nous devait pas, ou à lui refuser celle que nous lui devions, nous avons eu à lui faire en secret l'apologie de cette susceptibilité ignorante et grossière dont nous étions malgré nous les instruments.

Mais s'il fallait aussi nous justifier aux yeux de la France du rôle que nous lui avons fait jouer, il nous serait plus facile de répondre, à ceux du moins qui nous tiendraient comptables, non pas de la liberté du monde comme vous l'entendez, mais de l'honneur et des intérêts de notre pays. En tant du moins que l'honneur d'un pays consiste à faire voir qu'il n'a pas peur de ses voisins, et c'est là surtout que vous semblez le placer, le gouvernement de Louis-Philippe a assez fait ses preuves. Il a bombardé Anvers à la barbe du Nord, il a occupé Ancône à la barbe de l'Autriche, il a retenu Alger à la barbe de l'Angleterre, et ce qui ajoute quelque chose à l'éclat de cette conquête, un peu aussi à la barbe de nos engagements; enfin, si vous exceptez la question d'Orient où, comme vous le faites bien sentir dans votre histoire, nous avons porté la peine d'une duplicité malhabile, la France, sous Louis-Philippe, a non-seulement maintenu le rang qui lui était dû en raison de son territoire, de sa population, et même de sa gloire, mais elle a gagné quelque chose de plus; sans peut-être trop le vouloir, par la terreur où l'on était, non pas de ses forces comme État militaire, mais de cette puissance de destruction qu'elle portait, en dépit d'elle, dans son sein.

Sans doute, si nous avions voulu nous prêter à l'abus de cette puissance, s'il nous avait semblé bon de déchaîner cette tempête dont nous avions le privilége, nous aurions fait dans le monde beaucoup plus de bruit et de mal que nous n'en avons fait. Il suffisait même, je pense, d'une trompette moins forte que la voix de la France pour sonner le boute-selle de ces révolutions qui dormaient debout, à la porte de tous les palais, et certes il nous eût été facile à nous de commencer dix-huit ans plus tôt la débâcle de l'Europe. Si nous ne l'avons pas fait, c'est que nous n'avons pas cru devoir le faire ; et où est en Europe la nation qui nous fait un crime aujourd'hui d'avoir reculé si longtemps l'avénement de sa liberté ?

Et la France, Monsieur, voyez où elle en est, considérez où elle en peut venir, et dites-moi auquel de nous deux cette vue et cette réflexion doivent causer le plus de remords ?

Pour vous cependant qui croyez voir au delà de cet abîme une société plus florissante et plus belle, il vous est facile sans doute de vous consoler du mal que vous voyez, de vous pardonner à vous-même le mal que vous avez fait. Mais pour moi, qui ne connais pour le genre humain d'autre carrière que celle qu'il parcourt depuis six mille ans, qui n'espère pour la France d'autre avenir que celui dont on cherche à la détourner, d'autre vie enfin que celle qu'on s'efforce de lui ravir, un découragement profond, une tristesse inexprimable, s'emparent de moi à la vue de ce qui se passe ; et si la calamité n'était pas trop vaste, si elle ne portait pas l'empreinte d'un caractère trop fatal pour qu'on ne puisse sans impiété l'attribuer à l'erreur ou à la malfaisance de cet homme ou de cet autre, je me tourmenterais l'âme par l'idée que j'avais peut-être, moi, soit par une vigueur trop précipitée, soit par une faiblesse intempestive, tranché le cours des destinées de ma patrie. Mais ma douleur est exempte de tout remords, comme elle est aussi pure de tout ressentiment. La France a déjà subi le pardon de ses plus cruels ennemis, et je n'ai jamais senti qu'elle eût besoin du mien.

Ne croyez pas non plus que je m'inquiète en ce moment du sort de cette dynastie dont j'ai partagé la chute. — Il s'agit bien vraiment de dynasties ou de rois, en présence d'une société qui se dissout, d'une nation qui se décompose ! — C'est la France, cette France que je ne dois peut-être plus revoir, qui remplit mon âme, qui enchaîne ma pensée.

Et vous dirai-je, Monsieur, car au spectacle de cette misère qui nous est commune je me sens pris de confiance en vous, et vous aussi, je le sais, avez pitié de la France, vous dirai-je sous quelles phases diverses se représente à mon esprit l'image de son agonie ; comme elle est là, devant mes yeux, dans la morne splendeur d'une sinistre beauté, superbe encore et menaçante en son aspect, comme si elle voulait trouver au dehors quelque diversion aux soucis qui la rongent, puis se laissant aller à errer parmi ces monuments qui font maintenant toute sa patrie, et cherchant parmi les débris et les souvenirs de trois dynasties de quoi se construire une demeure, se recomposer un État ; s'adressant d'a-

bord, comme par nécessité, à cette gloire qui la pour-
suit toujours, qui la presse et l'obsède de toutes parts,
mais tout en faisant hommage à la mémoire du grand
homme, qui ne reconnaît ni pareils ni parents, se dé-
fendant du ridicule qu'on dit proche du sublime ; laissant ensuite tomber ses regards sur les restes de cette
royauté deux fois et à jamais renversée, et, après avoir
un moment contemplé ce mouvement sans la vie qui
reste encore à cette antiquité mal rajeunie, s'en détour-
nant presque avec dégoût comme un malade à l'extré-
mité de l'image de la mort ; arrivant après, mais ne s'ar-
rêtant pas, à cette ruine toute récente dont elle n'oserait
toucher les débris encore chauds et fumants, de peur de
rallumer l'incendie qui couve sous leurs cendres ; puis
se recueillant un peu et s'interrogeant elle-même , pour
voir ce qu'il y a en elle de vertu et de force, pour se
frayer un chemin et se faire un sort ; mais bientôt se
prenant elle-même en horreur au souvenir de ses crimes
passés et par la conscience de ces effroyables passions
qui surgissent encore dans son sein ; se livrant alors au
premier venu, et le suppliant avec instance de la sauver
de cet accès de fureur qui va la prendre tantôt et dans
lequel elle est bien sûre, si on ne lui lie les mains, de se
déchirer les entrailles ; poussée enfin par l'excès de son
désespoir presque jusqu'au repentir, et se jetant tout
éperdue, épuisée, brisée d'angoisses et de luttes, au pied
de ces autels si longtemps méconnus, et là, levant ses
mains et son cri vers le ciel, pour lui demander, peut-
être trop tard, son pardon — et un maître?

DEUXIÈME PARTIE.

M. LOUIS BLANC.

Le temps me manquait l'autre jour pour répondre suffisamment à cette lamentation assez longue, où vous vous laissâtes emporter par cet esprit de prophétie qui vous manqua un peu aux jours de Février ; et puis, je vous avouerai, il y avait dans ce tableau que vous avez tracé, tout exagéré qu'il était, des douleurs de la France, assez de vrai pour donner du moins à penser. Sans doute il y avait, il y a encore en France, sans parler de l'aggravation actuelle de cette misère normale des classes ouvrières, il y a, dis-je, cet état de malaise qui précède une lutte inévitable ; et quelque sourdes, quelque silencieuses qu'aient été depuis quelques mois les phases de ce que vous appelez l'agonie de notre pays, il n'y a dans ce morne repos rien de rassurant ni pour vous ni pour moi. Ce n'est pas une constitution qui se fait maintenant en France, ce n'est même pas un gouvernement, c'est tout simplement une résistance qui s'organise, un combat qui se prépare. Non pas que je veuille donner aux miens, non pas que je leur aie jamais donné le signal de l'attaque ; mon rôle, mon but du moins, est maintenant, comme il a été toujours, de faire sentir à la bourgeoisie la folie de ses prétentions, les dangers de cet aveugle égoïsme qui l'a toujours poussée, qui la pousse encore à accaparer à son profit le fruit de toutes les révolutions, qui ne lui permet de voir dans toutes les conquêtes de la démocratie, auxquelles elle a forcément prêté les mains, que la dépouille à partager, et non pas les combattants, encore debout, qui réclament leur part. C'est ainsi qu'après s'être fait recevoir héritière de la noblesse, elle veut maintenant se constituer purement et simplement héritière de la monarchie, comme si la révolution de Février, retranchant un roi, était tout bonnement une petite économie qu'elle avait faite, et comme s'il n'y avait, dans tout ce déplacement de la société, rien qu'un « bourgeois de moins ; » à moins qu'on ne doive plutôt considérer ses chefs, comme vous semblez le croire, comme les courtiers sans brevet d'une restauration quelconque.

A la vue d'un aveuglement pareil, le découragement me prend aussi ; et quand je les vois, outrant les bassesses de Louis-Philippe, se faisant sitôt les Vidocqs de la politique, ou plutôt de la police européenne (car votre politique n'est plus que cela), et, enfants peu légitimes de la liberté, cherchant à se faire passer pour fils aînés de l'Église, comme si Ismaël avait abandonné sa mère dans le désert pour aller faire sa paix avec Sara, le cœur me manque de dégoût pour mon rôle de Cassandre ; et j'admire d'autant plus, comme j'ai toujours admiré, le courage avec lequel vous, de votre part, dans une cause bien plus difficile que la mienne, tenez tête à vos adversaires, secouant, comme vous faites, toutefois de ce côté-ci de la Manche, votre férule de professeur au visage de la démocratie. Ce n'est pas pour vous offenser que je vous parle en ces termes. Il est permis, je crois, de se rappeler, maintenant que vous ne faites plus de l'histoire, que vous l'avez une fois professée fort bien.

M. GUIZOT.

Et avez-vous donc jamais pu croire qu'il suffirait de la persuasion pour renouveler, comme vous l'entendez, la face et le fond de la société, ou, du moins, avez-vous cru qu'il y avait dans l'adoption, soit de vos idées, soit de celles dont la concurrence vous fait ombrage, car, même entre socialistes il y a concurrence, cette certitude d'un accroissement du bien-être général, qui dût amener les classes en possession à renoncer de bon gré à cette part plus que proportionnelle dont elles jouissent à présent? Jetez les yeux un peu autour de vous dans le pays où nous sommes; car, si vous avez raison en France, vous devez, tout au moins autant, avoir raison en Angleterre. Regardez donc ici, non-seulement ces hôtels dont la magnificence égale les palais, dont le chiffre représente presque une armée; mais regardez plutôt, comptez, si vous pouvez, ces demeures moins somptueuses que les autres, mais dont l'apparence dénote dans leurs posses- seurs le pouvoir de se procurer toutes les douceurs de la vie. Puis, sortons de cette ville ; voyez de tous côtés ces champs fertiles et riants, cultivés comme des jardins, di- visés et séparés comme autant de camps. Voyez, çà et là, au milieu de cette campagne, qui, pour les Anglais, est surtout la patrie, ces châteaux élégants et vastes, qui semblent vouloir rendre à la nature toute la beauté qu'ils en empruntent, et semés autour d'eux avec une géné- reuse profusion, ces beaux arbres séculaires dont l'om- brage et la vue du moins est une richesse commune ; voyez aussi ces fermes larges et florissantes qui relèvent de cette grandeur et s'alimentent de cette opulence, et ces nombreuses villas d'un aspect si gracieux et si ave- nant ; songez de plus, maintenant, à ces milliers de fa- milles qui, dans une position moins fortunée, jouissent pourtant à l'abri et, au moyen de ces richesses, d'une aisance assurée ; et quand même vous n'hésiteriez pas à exiger, au profit de votre système, le sacrifice de tout ce bien-être, de tout ce bonheur, ne vous faites pas du moins illusion sur ce qu'il doit en coûter nécessairement de résistance et de sang pour comprimer tant d'égoïsme, pour vaincre tant de passions, couper court à tant d'es- pérances, en un mot, pour déraciner tant de familles.

Et c'est en Angleterre que nous parlons ; mais c'est de la France qu'il s'agit, la France où, naguère, a régné la Terreur, cette dynastie qui a passé comme elles passent toutes, mais qui a laissé comme les autres ses fauteurs et ses prétendants, légitimes descendants de ce peuple souverain, auquel il a fallu deux ans de carnage pour se rassasier du sang des femmes, des vieillards et des enfants.

Vous-même vous ne prêchez peut-être pas directement la rébellion ; vous avez même quelque part, toutefois en termes respectueux, frappé de votre improbation une émeute indiscrète. Mais il n'en est pas moins vrai que la discorde civile s'avive à votre parole, s'autorise de votre nom ; — et, si la raison n'a pas plus tôt fait justice de vos opinions, la violence et la terreur en feront bientôt l'expérience. Mais en parlant seulement de vos opinions, je prête à l'anarchie plus de raison qu'elle ne peut en vérité prétendre en avoir. Encore si la révolution sociale était d'accord avec elle-même, nous pourrions du moins compter avec elle. — Il y aurait lieu à comparer les moyens de bonheur que nous sacrifions avec ceux qu'un nouveau système nous offrirait. La vieille société ne serait peut-être pas si opiniâtre à défendre sa position, si elle savait à quels successeurs elle aurait à la céder : vous auriez du moins moins mauvaise grâce à le demander, si vous pouviez vous arranger entre vous : auquel de vous ou de M. Proudhon doit être confiée l'œuvre de la régénération sociale ? Mais dans l'état où sont les choses, si nous vous abandonnons la place, c'est tout simplement un champ de bataille que nous vous livrerions.

M. LOUIS BLANC.

Pour répondre d'abord à ce que vous venez de dire en

dernier lieu, il y a sans doute chez nous, du camp opposé au vôtre, moins d'accord sur le remède qu'on doit appliquer que sur le mal qu'il faut détruire. — On pèche chez nous par l'ignorance et la vanité, comme chez vous par l'égoïsme et la prévention, et les extravagances de quelques-uns, usurpant l'oreille populaire par une exagération piquante, et auxquelles nos ennemis prêtent avec intention une importance qu'elles ne possèdent pas parmi nous, ont mis à faute nos conseils et peut-être ajourné nos espérances.—Ah ! s'il en était autrement !—Si j'avais cru qu'il fût possible d'arriver droit par la force au but auquel je voudrais amener la société, je me serais peut-être moins résolûment abstenu de cette lutte qui était dès l'abord une erreur, et que la défaite a changée en crime. La violence, il est vrai, me répugne, et le sang français me fait horreur ; mais la certitude d'un grand résultat peut justifier la rigueur d'un grand sacrifice. Dans la vie d'une nation, la perte de quelques milliers d'hommes est une plaie qui se répare bien vite ; et sans que je ressente en moi aucun penchant pour le terrorisme, je n'ai jamais, vous le savez, grossi de ma voix ce cri de réprobation vulgaire dont les faibles s'efforcent de flétrir ces esprits fermes et inflexibles, un peu durs peut-être, qui se sont cru permis d'utiliser la mort, cet ennemi commun, au profit du genre humain, et d'anticiper pour quelques-uns, et de quelques années seulement, le sort inévitable de tous.

Mais si, écartant ces images sinistres de proscription

et de lutte, j'envisage seulement ce que doit entraîner de sacrifices la transition même paisible de l'état de choses actuel à celui que je voudrais constituer, je ne vois rien, je l'avoue, dont il ne soit pas, à mon avis, facile de se consoler. Sans doute il y aura bien des prétentions à refouler, des espérances qui auront à souffrir un mécompte ; il y aura même, je l'avoue, des types de bonheur qui seront perdus désormais pour l'espèce humaine, de beaux rêves de mère, qu'il ne sera plus même permis de rêver ; mais s'il était possible, au prix de ce sacrifice, de rétrécir de beaucoup le domaine de la misère humaine ; si, en nivelant les sommités, quelque belles qu'elles soient, de l'état social actuel, on pouvait combler de leurs ruines les bas-fonds ou gisent entassés la souffrance et le vice, je donnerais moi, sans trop marchander, ce qu'il en faudrait de jouissance et même de bonheur pour défrayer ce bien-être plus général. Ce n'est pas ici du moins, ici où plus que partout ailleurs il est défendu à la misère d'espérer un meilleur avenir, que je me ferais le complice de sa patience. Ce n'est pas ici, où plus que partout ailleurs l'inégalité a perdu sa pudeur, s'imposant presque comme une religion, ici où l'on a vraiment la prétention de se croire riche comme autrefois on était roi, par la grâce de Dieu, que je me refuserais de proclamer, à la face des riches et des grands, leur fin prochaine et inévitable. Vous m'invitiez tantôt à contempler cette ville si médiocre en sa magnificence, superbe sans beauté, vaste sans grandeur, et ces campagnes vraiment belles et riantes dans leur abondance ; je ne vous inviterai pas à mon tour à visiter avec moi la misère qui confine de tous côtés à cette opulence, qui lui dispute la possession de cette capitale. Il n'est pas nécessaire de vous déranger : vous pouvez au juste apprécier les institutions de ce pays sans vous exposer à son atmosphère. Regardez seulement dans le *Times*, et vous pourrez là étudier à votre aise ce que le *conservatisme* a de plus ignoble, la richesse de plus insolent, la misère de plus hideux et déplorable, la concurrence de plus éhonté et de plus bas.

Il n'y a pas longtemps que je lisais, dans ce journal, un article des plus sérieux, même des plus solennels, où l'on dénonçait la nécessité d'*une loi* pour empêcher les pères et les *mères* de spéculer, pour un mince gain, sur la mort et l'enterrement de leurs enfants. Mais, sans sonder ces abîmes qu'il nous fait trop mal de contempler, parcourons seulement ce vaste champ d'annonces, où s'étalent les misères quotidiennes dont vit la civilisation moderne. Que de capacités réclamant un emploi ! que d'industries mendiant du pain ! que de femmes et de filles cherchant un asile au prix du plus dur esclavage ! que de mères mettant à vil prix la nourriture de leurs enfants ! que d'usuriers cherchant des dupes ! que de maîtres d'école quêtant une proie ! que de fripons et de charlatans s'arrachant l'un à l'autre une clientèle par les mensonges les plus grossiers ! et, résultat ordinaire de cette vaine activité, que de faillis dont on partage les

dépouilles! Et ce ne sont pas les petits seulement qu
s'usent et qui périssent dans cette lutte à mort, que vou
appelez la société. Si vous voulez étudier en grand le
effets et la nature de la libre concurrence, voyez-la dan
son œuvre la plus merveilleuse, cette œuvre qui va s
bien à un âge où l'on va si vite, les chemins de fer. J
ne vais pas en parler comme moraliste; il n'est pas be
soin que je décrive ce débordement sans pareil de men
songe et de fraude, de bassesse et de cupidité, qui
laissé encore, tout en se retirant, sur les couches les plu
élevées de l'état social, les traces de sa boue. Tout cel
est connu de tous; l'on sait à quoi s'en tenir maintenan
sur le compte de cette grande probité anglaise qu'o
nous vantait tant. Mais ce qu'on n'a peut-être pas asse
remarqué, assez signalé du moins, c'est cet appauvrisse
ment général qui est résulté pour les concurrents dan
cette lutte acharnée; et ce ne sont pas seulement le
individus qui ont succombé, mais nous avons vu na
guère les trois grandes compagnies elles-mêmes qu
partagent le royaume du fer, poussées qu'elles étaien
dans de nouvelles voies par l'expérience qu'elles avaien
faite des bienfaits de la concurrence, essayer d'un plan d
consolidation qui devait embrasser, dans ses prévisions
presque l'universalité de cette industrie, précisémen
comme je voudrais, moi, les embrasser toutes. C'étai
vraiment la concurrence aux abois se réfugiant dans l
monopole.

Et si les grands capitaux s'usent et s'entre-détruisen

de la sorte, quel doit être ici, je vous prie, le sort du petit capital dans sa lutte avec le grand? Effectivement, il n'y a pas de pays où le petit commerce dépérit et se meurt plus visiblement ni plus vite, et où il soit plus impossible, et c'est une impossibilité qui croît tous les jours, au petit commerçant de s'assurer une subsistance. Il n'y a pas de pays non plus où le grand capitaliste marche plus aveuglément et plus droit à la consommation de cette ruine qui précède et qui prépare la sienne; et je pourrais vous citer nominalement une des notabilités mercantiles de ce pays qui avoua, en termes exprès, qu'il avait pour devise « d'écraser le petit commerce. » Depuis le mot si connu de Voltaire et ses affidés, je ne connais rien de si horrible.

Mais, pour moi du moins, le mot est bon; et dans la guerre que je fais à la concurrence, si je pouvais le faire connaître, il me vaudrait une génération.

Et si je voulais m'attaquer à la propriété, c'est ici que je pourrais trouver aussi les plus grands crimes à lui reprocher, en Irlande du moins, dont l'Angleterre doit compte à l'humanité.

Voici, en deux mots, ce qu'a fait, ce que fait maintenant la propriété en ce pays. Pendant assez longtemps il a convenu, soit à l'intérêt, soit à l'incurie des propriétaires irlandais, d'exploiter leurs possessions à l'aide d'un grand nombre de cultivateurs et au moyen d'une grande subdivision de terres; et, pendant assez longtemps aussi, ils y ont trouvé leur compte. Vient un temps maintenant où les inconvénients de ce système se font sentir, et une économie mieux apprise en réclame un autre, c'est-à-dire la consolidation des fermes et l'expulsion ou l'extinction du superflu des cultivateurs. Eh bien, rien de plus simple : que les plus aisés, les plus capables d'entre eux de concourir au changement, restent pour nous aider ; pour les autres, que ceux d'entre eux qui ont la volonté, le moyen de se transporter en d'autres pays où il y a place pour eux, s'en aillent ; pour les autres encore, qu'ils demeurent, et qu'ils meurent : après cela, nos affaires iront mieux. Voilà tout bonnement ce qui se fait, et pis que cela, voilà ce qui se *dit*, non pas devant la chambre des communes, mais par les gentilshommes irlandais en petit comité.

Et que fait l'Angleterre? Elle fait l'aumône, l'aumône à grand bruit, et, à ce qu'il paraît, à grand regret. Mais, pour ce qui est d'une intervention légale et directe entre la propriété qui se dégrève trop vite, et le cultivateur qui se meurt trop lentement, qui puisse suspendre, du moins jusqu'à un temps plus favorable, ou restreindre à des conditions plus tolérables le cours de cette désolation, c'est une chose dont il n'est même pas permis de parler, et même, quand un homme des plus sensés et des plus riches de ce pays, le plus influent, et, au dire de beaucoup de gens, le plus capable des polititiques du jour, un homme certes assez peu porté aux idées révolutionnaires, mais un homme pourtant singulièrement apte à désapprendre, persuadable s'il en fut jamais, et dont il serait peut-être possible de faire quelque chose s'il n'avait que vingt-cinq ans; eh bien! quand cet homme qui, pour le moment du moins, est encore bien peu avancé dans les voies du socialisme, vient dire au parlement, de toute l'autorité de son bon sens et de tout le poids de son or : « Messieurs, si vous voulez maintenir la propriété en Irlande comme institution, il faut vous rappeler que c'est aussi une fonction; et s'il arrive que les propriétaires actuels fonctionnent mal, et sont, n'importe pour quelle raison, incapables de fonctionner bien, il faut, non pas confisquer, mais transférer cette propriété à des mains capables de l'administrer, sauf la compensation à donner aux ayant-droit, comme cela se fait tous les jours en cas d'expropriation pour cause d'utilité publique; et quelle cause fut jamais plus sacrée, plus irrésistible que celle-ci? »

Voilà ce qui se propose, et, dans l'an 1849, cela ne doit pas paraître violent. Eh bien! quand, à l'encontre d'une proposition si large, si simple, si modérée, et en apparence si exécutable, une proposition venant de si haut et allant si peu loin, vous avez, de la part de ceux qui sont actuellement en place, des difficultés de bureau, des raisons de commis, des platitudes constitutionnelles et économiques, des niaiseries enfin de Delolme ou d'Adam Smith, comment ne pas sentir qu'un système d'idées si stérile et si dur, si vétilleux et si vide, et tout en même temps si impuissant et si roide, en est venu au point de tomber, comme une peau sèche et ridée d'un corps encore vivant qu'elle ne peut plus désormais ni protéger ni couvrir?

Croyez-moi, ce n'est pas en Angleterre qu'il vous convient de chercher les exemples de votre argument ; j'y trouverais bien plutôt, moi, le matériel de mes expériences ; car, après tout, il faut rendre cette justice à ce pays, qu'on y jouit au moins du laisser-faire de la liberté ; et les habitudes d'association qui distinguent ce peuple, cet esprit de confiance et de coopération mutuelle qui est le plus beau trait de son caractère national, offriraient à l'essai de mon système des facilités qu'il ne trouverait peut-être pas ailleurs.

M. GUIZOT.

Ce n'est pas en Angleterre seulement ou en France qu'il me faudrait chercher des exemples pour justifier la propriété, pour excuser l'inégalité, pour faire même l'apologie de la concurrence. L'histoire de tous les peuples, de tous ceux du moins qui ont eu une histoire, nous les représente toutes trois, sous des modifications différentes il est vrai, comme conditions indispensables de tout progrès, de toute civilisation.

Sans la propriété d'abord, c'est-à-dire la propriété exclusive et transmissible, point de famille. Car qui est-ce qui continue parmi les hommes cette relation de procréateur et de produit, qui finit si vite parmi les autres animaux? C'est que la relation de besoin et d'utilité réci-

proques se prolonge bien plus avec nous ; c'est que
les parents entretiennent l'affection de leurs enfants par
une protection qui dépasse même la jeunesse, par une
abnégation qui ne cesse qu'avec la vie ; et cette protection, cette abnégation, c'est la propriété qui en fait les
frais.

Je n'ai pas besoin peut-être de vous dire à vous ce
que vous ôteriez à l'homme en lui ôtant la famille, mais
au temps où nous sommes on ne peut répéter trop haut
ni trop souvent de quelle pauvreté déshonnête, ou plutôt de quel froid mortel, vous aurez frappé le cœur humain quand vous aurez fait de la paternité un fait phy-
sique, de la fraternité une fiction politique, de l'amour
un goût passager, de l'abnégation tout bonnement une
folie, de l'abstinence en toutes ses formes une affaire de
calcul, de la morale presque tout entière un régime de
médecin.

Pour la concurrence que vous détestez tant, et dont il
serait bon peut-être, si du moins il était possible, de
modérer les excès, non-seulement elle a été de fait, jusqu'à présent, pour l'espèce, le moyen de toute amélioration, la force motrice de tout progrès ; pour l'individu,
la cause et la mesure de toute supériorité, de toute excellence ; non-seulement elle est, quoi que vous en puis-
siez dire, une des formes de la liberté humaine, mais,
ce qu'il importe surtout de faire sentir en ce moment,
elle est une condition de la propriété qui peut seule la
rendre tolérable, parce que seule elle la rend accessi-

ble, à un grand nombre par le succès, à tous par l'espérance.

L'inégalité aussi, comme elle existe aujourd'hui, n'est qu'un accident de la propriété transmissible qu'il faut accepter avec elle, ou bien les rejeter toutes deux. Je n'entends pas me faire l'apologiste de l'inégalité dans ses excès les plus choquants, ses formes les plus surannées; mais à un certain degré et sous des formes quelconques, non-seulement elle a été de fait, chez tous les peuples, l'accompagnement obligé de toute civilisation, mais elle est évidemment aussi le résultat inévitable de tout mouvement, de toute vie. Elle seule peut fournir aux facultés humaines une carrière et un champ, et elle est à l'énergie de l'homme ce que la pente est à la rivière, ce que l'air est à l'aigle, ce que l'espace est au monde. A ce point de vue, il est vrai, l'inégalité n'est pas nécessairement dans les conditions, elle pourrait n'être que personnelle et viagère; mais s'il faut, de toute nécessité, au développement et à l'exercice des plus nobles facultés de l'homme comme individu, l'appât de la supériorité et les facilités de l'aisance, il n'est pas moins indispensable, pour assurer la continuité de ces efforts, pour en perpétuer les fruits, qu'il y ait une classe chargée de recueillir et de transmettre cet héritage de la civilisation. C'est un privilége, si vous voulez, d'être placé par la naissance dans cette classe avantagée, comme c'est un privilége de naître en France plutôt qu'en Algérie; mais c'est un privilége qui se perd facilement par l'incapacité, et qui s'acquiert, moins facilement il est vrai, et c'est là le mal, par le mérite.

En attendant, personne n'y perd, et l'espèce, vue dans son entier, y gagne beaucoup; ou s'il est vrai que la condition de quelques-uns soit empirée au profit des plus riches, et sans doute il est souvent arrivé, il arrive encore dans les pays mal gouvernés, que l'inégalité s'est étayée, s'est aggravée par des lois injustes; eh bien, ce sont là des défauts dans la législation qu'il faut corriger à toute force; mais pour ce qui restera encore d'inégalité et de misère, prenez-vous-en à la Providence, ou, si vous l'aimez mieux, à la nature, qui a mêlé le bien et le mal, qui a fait les montagnes et les vallées, qui a créé les forts et les faibles, les petits et les grands.

Et si après tout l'inégalité dans les conditions vous répugne par son caractère fortuit, et parce qu'elle ne répond souvent à aucune différence de capacité ou de mérite, dites-moi un peu, la gloire que vous aimez tant et dont vous faites sonner si haut le nom, qu'est-elle, sinon la plus injuste souvent, comme elle est toujours la plus grande des inégalités? Et la mort, cette reine dont vous ne pouvez briser le sceptre, dont vous cherchez plutôt à vous faire les ministres et les courtisans, quelle inégalité plus extrême, et, s'il est permis de le dire, plus intolérable que la sienne? Nivelez tant que vous voudrez les conditions de la vie, faites asseoir le pauvre à la table du riche, ou, ce qui vous sera plus facile, faites coucher le riche sur le grabat du pauvre, vous aurez peu fait pour égaliser les destinées de l'homme, tant que vous n'aurez pas empêché la vieillesse et le vice de fouler de leurs pieds la tombe de la jeunesse et de la beauté.

Ce sont des choses bien élémentaires que je vous ai dites là, Monsieur ; mais en vérité vous nous obligerez bientôt à faire l'apologie de l'alphabet : et certes ce n'est pas ma faute si votre dix-neuvième siècle, cet enfant gâté des révolutions, cet héritier dissipateur de tant de couronnes, touche déjà à la moitié de sa course sans qu'il ait été encore possible de lui faire apprendre sa grammaire.

M. LOUIS BLANC.

Pour cela, Monsieur, il y a si longtemps que vous cherchez à nous faire répéter des mots, qu'il ne serait pas étonnant que nous eussions oublié tout le reste. Il y a, au reste, du vrai dans ce que vous venez de dire, en cela du moins, que la propriété et la concurrence ont été, dans leur temps, des instruments effectifs de la civilisation. Mais il y a deux mille ans qu'on pouvait en dire autant de l'esclavage.

C'est sur cette base sans doute que reposait surtout cette vieille civilisation grecque qui a percé la barbarie et humanisé le christianisme. La politesse d'Athènes, comme la tempérance de Sparte, s'avivait à cette source ; c'est cela, plus que toute autre de leurs institutions, qui faisait des Athéniens des auditeurs dignes de Sophocle, des sujets dignes d'Aristophane ; et comment leur supposer sans cela cette indolence cultivée, ce loisir fastidieux, ce désœuvrement inquiet qui leur ont valu un Démosthène comme ils leur auraient fait un Philippe? En ce temps on était déjà un peu aristocrate par cela seul qu'on était citoyen ; et si nous voulons apprécier cette civilisation au point de vue moderne, c'est à cela, c'est-à-dire à l'esclavage, qu'il faut surtout attribuer ou imputer ces habitudes de grand seigneur, ces vices de bonne compagnie, cette insolence tempérée par la bonne humeur, cette fatuité assaisonnée par le bon goût, cette candeur dans la corruption, cette grâce dans la crapule, qui faisaient des Athéniens un peuple tout à fait comme il faut, un peuple Louis XV !

L'esclavage a passé, la propriété reste. Ce n'est pas à en conclure qu'elle doit nécessairement passer aussi ; mais nous sommes, je crois, en droit de dire qu'elle ne doit pas non plus s'arroger la perpétuité, pour avoir été dans son temps utile ou même indispensable.

Pour me renfermer maintenant davantage dans le cercle de vos idées économiques, les brevets d'invention font beaucoup, ou du moins ont beaucoup fait, pour le perfectionnement des arts ; cependant on leur a toujours assigné un terme assez court, au bout duquel le monopole cesse et l'invention devient de droit commun. La propriété comme vous l'entendez est une espèce de patente dont le terme est près d'échoir. Sans doute elle a beaucoup fait pour le développement de nos facultés, pour la multiplication de nos moyens de bien-être; mais peut-être la masse du genre humain a-t-elle assisté assez longtemps au spectacle de la civilisation pour être en mesure maintenant d'en appliquer les leçons à son profit sans être pour cela en danger de les oublier sitôt.

Je ne suis pas dans l'intention de discuter avec vous ici les détails de cette transition; mes idées à ce sujet sont assez développées dans mes écrits, et, quoi qu'on en ait dit, elles sont assez justifiées aussi par les expériences qu'on en a faites. Je ne parle pas de ces expériences du Luxembourg dont on m'a beaucoup trop imputé la conception et la déconfiture; on ne travaille guère, soit dans mon système, soit dans le vôtre, au lendemain d'une victoire ni à la veille d'un combat; et d'ailleurs les ateliers nationaux n'étaient pas du tout mon système à l'état normal, mais plutôt, comme vous le savez bien, une mauvaise défaite qu'on me donnait à moi et aux ouvriers.

Au reste, ce n'est pas de mes expériences ni de mes idées que je veux parler; ce que je m'attache à vous faire sentir ici, c'est que le temps est venu où il vous faut transiger d'une manière ou d'une autre avec la classe ouvrière, et faire de bonne foi et sur un grand pied l'expérience d'une révolution sociale.

Considérez un peu, vous qui savez si bien l'histoire, quels ont été jusqu'à présent, dans tous les pays et dans tous les temps, les ressorts du gouvernement, les fondements de l'ordre social, et regardez ensuite autour de vous pour voir ce qui vous en reste aujourd'hui.

Vous avez eu d'abord partout, comme principe de cette inégalité qui, selon nous, est la vie de la société, la conquête et les castes, celles-là aussi dérivant la plupart de la conquête, quoiqu'elles aient souvent déguisé leur origine terrestre sous les caractères de la religion.

Mais, pour nous borner à ce que nous connaissons le mieux, à ce qui nous concerne le plus, n'est-ce pas l'invasion des barbares qui a jeté en Europe les fondements de cet ordre social qui touche actuellement à sa fin ? N'est-ce pas à elle surtout, recueillant aussi comme elle a fait les débris du pouvoir romain, c'est-à-dire l'héritage d'une conquête plus ancienne, qu'il faut attribuer cette distinction de race et de position qui a été si longtemps pour les uns un élément de force, pour les autres un motif, aussi bien qu'une cause, de soumission ? La classe dominante aussi, après avoir été victorieuse, demeurait seule armée ; et s'il lui a longtemps manqué l'union, si même elle s'est livrée aux dissensions les plus sanglantes, c'était par excès, par luxe de forces, qu'elle pouvait se permettre les plaisirs de l'anarchie. Tout confusément éparse qu'elle était sur la surface du pays, il y avait, dans tous ces fragments de domination, une énergie si vivace et si propre, qu'on y reconnaissait partout :

Disjecti membra *tyranni*.

Disséminez de même aujourd'hui vos éléments de pouvoir, mettez chacun dans sa maison tous ces bons bourgeois, qui souvent, en dépit d'eux-mêmes, se cramponnent l'un à l'autre avec un accord si désespéré; que vous resterait-il de toute cette force, cette majesté d'emprunt? A peu près ce qu'il resterait de bon nombre de nos poëtes, si on leur ôtait la rime et la mesure, une assez petite prose.

Il fallut pourtant bien, même au bon temps d'autrefois, se rapiécer peu à peu, et se rallier à un chef; de là la fondation de la monarchie,— et le premier pas vers l'égalité. Mais je parle, pour le moment, de la monarchie comme principe et comme moyen de gouvernement.

Le roi donc, commençant par être le chef indispensable de la race dominante, devint aussi bientôt, par l'effet même de cette position, pour la classe inférieure, l'expression à la fois la plus imposante et la plus bienveillante d'un pouvoir auquel elle n'avait pas encore la pensée de résister. Ajoutez à cela cet instinct d'humilité qui pousse l'homme peu instruit à s'incliner devant la puissance, et qu'un long usage du joug romain, cette servitude presque glorieuse, avait porté au plus haut point chez nos ancêtres gaulois. C'était, du reste, bien plus qu'un souvenir; il en restait, ce qui est beaucoup en fait de gouvernement, des noms et des formes, que les barbares ne manquèrent pas de s'approprier comme un outil à leur convenance. L'intelligence elle-même, à son réveil, se prêta de bon gré à cette usurpation, acceptant volontiers, en fait d'usages et de lois, les traditions du despotisme avec l'héritage de lumières qu'elle tenait de la même source, et se faisant, avec cette facilité de mœurs qui a toujours distingué le genre artiste et littéraire, l'appui de ces monarchies, qui voulaient bien s'en parer comme d'un ornement.

Quant à cette aristocratie plus réelle et plus constante, dont l'appui ne se vendait pas, en qui la loyauté était un instinct de noblesse, et qui donnait un sens comme elle donnait aussi son sang à cette monarchie qui existait surtout pour elle et par elle, elle avait, pour se maintenir elle-même, non-seulement cette opinion de sa supériorité qui se rattachait à son origine, et qui se dessinait aux yeux du vulgaire par des différences tranchées d'usages et de costume; mais elle conserva longtemps aussi une supériorité réelle en ces qualités qui donnent surtout à l'homme un ascendant sur son semblable. Je parle surtout du dévouement et du courage; non pas assurément que le courage ait jamais manqué aux masses de notre nation, mais le courage du soldat-gentilhomme était non-seulement en relief, il était aussi d'une mise plus journalière; et ce *privilége* du duel, dont on n'a pas apprécié l'importance comme distinction sociale, semblait donner à la classe qui en usait comme un monopole de l'honneur, et faisait pardonner des prétentions qui se payaient si largement au prix de la vie. L'envie du moins a pu se contenir longtemps en présence des Bayard, des Turenne et des d'Assas, et de tant d'autres renommées aujourd'hui fossiles, sur lesquelles la révolution et l'empire ont passé comme un déluge de gloire.

Que dirai-je de la religion, ce moyen le plus efficace et le plus usé de tous? Je ne parle pas de cette anarchie dans la foi, cette libre concurrence vers le ciel, ce culte de chacun pour soi, cette religion égoïste et individuelle, enfin ce christianisme à l'état bourgeois, que vous nommez le protestantisme; mais de cette grande et belle religion catholique, ou plutôt de cette grande et belle Église, si puissante par son organisation, qu'elle pouvait presque se passer de religion, forte qu'elle était de toutes les faiblesses de l'homme, s'accommodant de ses passions, se prêtant même à ses vices, et faisant, dans les replis de son vaste giron, une place à tout et à tous. Consacrant le pouvoir, consolant la misère, et entretenant au cœur de tous, par ses cérémonies à la fois majestueuses et populaires, le sentiment d'une communauté religieuse, elle était quelque chose de plus et de mieux qu'un *frein*, elle était aussi un lien. Elle a longtemps suffi aussi pour donner le change à l'esprit humain; et à l'envisager seulement sous le point de vue matériel, ouvrant à la pauvreté les voies de l'intelligence, et à l'intelligence le chemin du pouvoir, elle tenait toujours table ouverte aux déserteurs du peuple.

Que vous reste-t-il de tout cela; de cette loyauté, de cette foi, de cette soumission, de ce contentement? Il vous reste le regret de les avoir perdus, et cela à un bien plus haut degré que vous ne trouveriez prudent d'avouer.

On parle de réaction, et ceux même dont les souhaits ne vont pas au delà de la branche cadette ont la conscience de cette opinion sans en avoir le courage. Mais vous, qui voyez les choses de plus haut, vous devez porter votre pensée bien plus loin. A quoi bon, en effet, remonter si peu, pour retomber encore, si lourdement et sitôt? La réaction avec vous ne s'arrêterait pas même au *roçoco;* et si vous vouliez nous dire le fond de votre pensée, en fait de rois, si rois il y a, c'est *un Chevelu* qu'il vous faudrait. Ah! vous voudriéz bien, je le pense, les avoir sous la main pour les remettre à l'école, ces Sicambres si fiers, et pourtant si dociles; ou ces bons Visigoths, cette bonne pâte de barbares, cette étoffe de chevaliers et de trouvères; et Attila lui-même, « ce bourru bienfaisant, » que l'histoire a si peu compris, il y en a bien, je suis sûr, qui ne sont pas des Huns de sa taille, qui vous font bien plus que lui l'effet de « Fléaux de Dieu. » Non pas, assurément, que je vous impute le goût de vouloir boire, à la chute du socialisme, dans le crâne d'un républicain, ou que je vous croie homme à ouvrir les portes de la patrie aux Scythes ou aux Scandinaves; mais vous seriez bien capable, je crois, soit dit sans vous offenser, de vous proclamer dans l'occasion, sans trop vous faire de violence, un barbare *du lendemain.*

Ceux, en effet, qui s'attachent même aux débris de la vieille société devraient vouloir plutôt veiller sur son berceau qu'assister à sa dissolution; et pour vous surtout il serait curieux et intéressant d'étudier au vif cette renaissance de l'esprit humain que vous avez si bien reproduite par votre plume ; de voir percer, à travers les couches épaisses d'une ignorance féconde, les germes d'une civilisation longtemps assoupie, et poindre, dans les ténèbres de cette nuit si noire et si grasse, les premières lueurs de la pensée. Quel plaisir cela vous serait aussi, de suivre pas à pas, dans leur progrès et développement, ces petites franchises si modestes et si innocentes, et ces petites communes si bien drapées, et d'une enfance si avenante et si douce, et ce petit amour de la liberté, si naïf et si jeune, s'enivrant de si minces faveurs, et poursuivant, des siècles durant, d'un regard adorateur, cette déesse autrefois si revêche, aujourd'hui si banale, que nous possédons du moins, mais qui ne nous possède plus, que nous aimons bien encore, pourtant, comme on aime sa femme après dix ans de ménage, mais que nous aimions bien autrement et bien davantage quand elle nous *octroyait* sa divine main à baiser, à travers les barreaux de notre prison féodale !

Il reste au peuple français une de ces passions de l'âge mûr dont on ne veut pas guérir, car après cela il n'y a plus rien, c'est la passion de l'égalité. En présence de cette passion, et pour résister à ce peuple, quels sont, je vous prie, vos moyens à vous, et à tant d'autres comme vous, sexagénaires de tout âge, dont le cœur rappelle en vain des sentiments qui ne sont plus que des idées ? Il faut plus que de la bonne volonté pour se faire, soit un roi, soit un dieu, et les âcres soupirs de Thiers ne sont pas de la loyauté, non plus que les touchants souhaits de Tacitus n'étaient de la foi. Le Nord n'a plus de barbares, l'Orient n'a plus de mages, une lumière aride et brûlante a répandu partout son impitoyable clarté, et le monde en est presque à l'état de cet homme qui avait perdu son ombre.

Un peuple hardi, sensuel et goguenard, vous presse et vous enveloppe de toutes parts ; usé par l'esprit et blasé sur tout objet de vénération, mais retrempant à chaque lustre nouveau ses passions dans tout le feu de la jeunesse ; ce peuple, rien ne l'effraye, rien ne l'étonne. Longtemps il a dévoré du regard les merveilles de vos arts, les trésors de votre civilisation ; longtemps il a mesuré de l'œil la hauteur de vos palais, la bassesse de vos rois. Prêchez-le, si le cœur vous en dit ; excommuniez-le, si cela peut vous faire plaisir ; le vent qui emporte vos paroles soulèvera en passant ce terrible drapeau qui a renié la gloire, et autour duquel se range cette insurrection en permanence qui se rit de votre doctrine, en attendant qu'elle triomphe de votre résistance.

Vous êtes donc déjà arrivé de fait, dans le progrès si vanté de votre civilisation, au gouvernement de la force pur et simple. A défaut de cette vraie royauté qui liait et consolidait, par l'effet même de son poids, l'édifice social ; à défaut de cette majesté de traditions qui veillait plus puissamment que la « garde aux barrières du Louvre ; » à défaut de cette noblesse qui échelonnait le pouvoir, et dont la supériorité, toute dure qu'elle se faisait sentir, consolait le peuple de sa propre humilité, vous en êtes déjà tombé à la garde nationale, le pire de tous les moyens du gouvernement, le plus égoïste, le moins respectable et le moins sûr, comme l'ont bien senti, du reste, les hommes d'État de ce pays, qui, tout ignorants et bornés qu'ils sont pour la plupart, ont cependant en politique des instincts qui leur tiennent lieu d'intelligence. Vous avez de plus, vous avez, pour le moment du moins, l'armée, cette épée qui usera si vite le fourreau où vous la retenez à grand'peine, et que quelques années, quelques mois de paix peut-être vont convertir en rebelles ou en janissaires. Le peuple aussi de son côté, tout désarmé qu'il peut être, s'aguerrit à la vue même des baïonnettes qui le compriment, ses rangs se grossissent de jour en jour de ceux que la lutte appauvrit ou que la société désespère, et attendant, comme il fait à tout moment, son heure, il trouvera quelque jour, quoi que vous fassiez, le défaut de votre armure.

En attendant, vous défendez à force de bras un gouvernement sans avenir, des institutions qui ne sont que des votes, et vous élevez à grands frais des murs de plâtre autour de champs où vous ne semez rien. Autour de vous aussi tout croule, tout se dissout, et ces vieilles monarchies militaires qui font mine encore de se tenir debout, ne sont guère que des cadavres se roidissant dans leurs cuirasses.

Mais, à vous en croire, vous avez la raison de votre côté, à défaut de la force ; et, certes, ce n'est pas le talent qui manque à votre cause. Vous lancez, vous, pour votre part, au monde que vous avez quitté, cette dernière leçon, qui sent un peu trop le monde où vous êtes, et Thiers aussi, qui ne manque jamais à l'occasion, a dit son mot, et l'a dit à sa manière dans ce livre, parfois si léger, partout si triste, où la propriété jette si durement son défi à la misère, et où l'on semble voir la société adossée à ce qui lui reste de mur, attendant le progrès l'épée au poing. Mais le livre est encore à faire qui convaincra le travail, de l'éternelle nécessité d'un système qui lui donne pour fille l'abondance, pour compagne la faim ; les exemples sont encore à trouver qui nous feront croire à la possibilité de maintenir à tout jamais des distinctions qui ne se rattachent à rien, et de consacrer comme principe social la seule inégalité qui vous reste, la plus choquante, la plus intolérable de toutes, l'inégalité du dîner.

L'expérience seule d'un autre système, l'expérience réitérée, faite en grand, faite de bonne foi, faite par l'État, avec la volonté et l'espoir de réussir, pourra convaincre le peuple, et bien d'autres qui par l'esprit ne sont pas peuple, que nous sommes déjà arrivés, sauf quelques erreurs de détail « au meilleur des mondes possibles. »

Si, après tout, il en résultait que la propriété exclusive et transmissible fût essentielle à la société comme instrument de production ou comme moyen de civilisation, eh bien, on pourra y revenir. Le genre humain n'en est pas à périr de si peu, il pourra se repentir de ses erreurs, et se trouver jeune encore.

C'est à vous (je vous parle à vous comme si vous dominiez encore par votre parole ceux que vous guidez plus que jamais par votre pensée), c'est à vous à décider si cette expérience dont je parle, et qui se fera quoi qu'il arrive, se fera par vous, ou contre vous, avec vous ou sans vous. Le pouvoir est encore en vos mains, et vous avez peut-être même un choix de morts. Exécutez-vous de bonne grâce, donnez-vous du moins le mérite de la résignation et les honneurs du Panthéon.

Mais si, abandonnant votre âme aux conseils d'un aveugle égoïsme, vous refusez votre concours à l'organisation d'un nouveau système ; si la société, en mauvaise mère, use ce qui lui reste encore de moyens et de force pour entretenir à l'aise sa vieillesse défaillante, si elle s'obstine à convertir en rentes viagères toutes les richesses de la civilisation, elle n'en mourra pas moins, et elle mourra de la main et avec la malédiction de ses enfants.

M. GUIZOT.

Vos paroles ne justifient que trop les sombres pressentiments auxquels je me suis livré au sortir de notre dernière entrevue ; et maintenant que notre conversation tire à sa fin, je voudrais en vain pouvoir rétracter franchement ce que j'ai dit alors, ou réfuter pleinement ce que vous venez de dire.

— Sans doute, il n'est que trop vrai, beaucoup de ces causes qui autrefois ont rendu la soumission facile, la misère tolérable, le gouvernement possible, ont perdu de leur effet. Les orages des révolutions ont ébranlé les fondements de l'édifice social ; le temps, ou cette mauvaise critique que le temps a fait naître et n'a pas encore détruite, en a terni les couleurs et dégarni les parois ; la charpente même s'en laisse voir à nu , traversée qu'elle est de part en part par tous les vents populaires, auxquels, cependant, il reste peut-être un peu moins de prise par l'effet même du ravage qu'ils ont fait. Jusque-là, Monsieur, nous ne sommes malheureusement que trop d'accord ; mais, à partir de là, il y a entre vous et moi la plus grande divergence.

Pour moi, d'abord, ce que l'état des choses actuel fait le plus vivement ressortir à mon esprit, c'est la nécessité d'un gouvernement quelconque pour donner du moins à la France le temps de recueillir ses idées et de choisir sa route ; et quelque joie secrète que je sois en droit de ressentir à voir tomber l'un après l'autre tous ceux qui m'ont honoré de leur inimitié, et qui semblent me relever par leur chute, quelque satisfaction que doivent causer à tous les mécomptes de l'ambition et de la vanité, j'éprouve, croyez-moi, bien plus de regret à découvrir la faiblesse de vos moyens que de plaisir à contempler la punition de vos folies. Si je pouvais me livrer à ce sujet à aucun sentiment de triomphe , ce serait au souvenir de cet homme à qui, plus qu'à tout autre , l'ingratitude populaire a payé la dette de la justice divine. Il n'est pas besoin que je lui donne son nom d'ici-bas à cet astre d'une nuit qui a filé si vite, qui domina pendant un moment les vagues de cette révolution qu'il s'était longtemps plu à soulever, rachetant quelque peu, par l'éclat de son courage, l'inconséquence de ses idées et le vide de ses paroles, et, par la grandeur des circonstances, s'élevant presque à la simplicité, mais que nous voyons déjà réduit à afficher cet oubli, contre lequel il se débat en vain, comme une mode de l'an passé, une phrase tombée en désuétude.

Vous-même, Monsieur, on commence déjà à s'occuper moins de vous, car il n'est donné qu'à peu d'hommes de grandir par l'exil; c'est, du reste, notre sort commun à tous, dans ce pays où, présents ou absents, nous n'avons vogue et faveur que comme l'instrument d'une passion, ou tout au plus comme l'expression d'une opinion. Que cette opinion change un peu de face, qu'elle se trouve frappée au coin d'un nouveau nom, et nous voilà mis au rebut comme une monnaie qui n'a plus cours. Un seul nom conserve parmi nous une valeur, une influence qui lui est propre, et, remarquez-le bien, ce nom est celui d'un despote.

Que va devenir la France quand ce nom, auquel s'est rallié son désespoir, sera usé aussi dans un âge où tout s'use si vite? Ceci vous regarde, Monsieur, pour le moins autant que moi, et si vous aviez sur les bras cette grande et suprême anarchie, vous ne seriez pas moins que moi à bout de votre système.

Songez-y, songez-y bien; reculez pendant qu'il est

encore temps, devant cette dernière preuve de votre incapacité, et ne vous pressez pas de vous mettre face à face avec l'impossible. Plus il peut y avoir de vrai dans ce que vous avez dit de la décadence incurable de la vieille société, plus il est de votre devoir de ne pas trop hâter l'avénement de la nouvelle. Quand vous serez pleinement en mesure de commencer l'œuvre de la reconstruction, la place, selon vous, est et restera toute prête. Ce qui vous manque à présent, ce sont les matériaux et un peu aussi les ouvriers.

Si nous travaillions de notre côté à la restauration de notre édifice, il y aurait plus de raison à vous de vous jeter sur nous, quand ce ne serait que pour défaire notre ouvrage ; mais, selon vous, nous ne faisons, nous ne pouvons faire que vous garder la place. Rien ne pousse, comme vous le dites, dans le champ de notre législation, et les murs qui les entourent tomberont bientôt d'eux-mêmes ; ou, si nous faisons de vains efforts pour regagner le terrain que nous avons perdu, les Sisyphes modernes ne sont pas des immortels, et l'impérissable Montagne, qui est à vous, peut bien se rire de leurs efforts et pardonner même à leur impuissance.

Scirent si ignoscere montes.

Attendez donc, tout en travaillant l'esprit par le raisonnement, entretenant, si vous le voulez, mais ne précipitant pas les espérances du peuple ; attendez que vous soyez du moins plus d'accord entre vous sur le plan à substituer au nôtre, que les masses ignorantes aient eu le temps de comprendre, ce n'est pas chose si facile, le système auquel elles sont appelées à concourir ; attendez, et si la vérité est avec vous, la vérité qui ne mourra pas avec vous, la raison publique, qui est encore bien loin de vous, finira enfin par vous donner les mains, et la propriété, de guerre lasse, vous demandera des lois.

Le genre humain, comme vous le dites, ne vieillit pas vite ; il peut attendre, lui, et se trouver jeune encore ; et s'il manque à votre mémoire, ou à celle de M. Proudhon, la gloire d'une grande ruine, si vous n'inscrivez pas vos noms sur les débris du vieux monde, le monde nouveau vous devra de la reconnaissance de n'avoir pas dissipé son héritage par une convulsion prématurée. Laissez donc aux nobles et aux rois de dévorer, s'il leur plaît, ce qui leur reste encore d'un règne passager ; mais le peuple, le peuple éternel, à qui seul, selon vous, appartient l'avenir, à qui seul bientôt appartiendra le monde ; ah ! ne le livrez pas en proie à cette hâte de jouir, qui a perdu tant d'hommes et qui perdrait tant de nations !

Pour moi, s'il me faut vous découvrir le fond de ma pensée, je ne vois que trop à quel point l'ordre social est devenu une affaire d'habitude, et combien la vie et le sentiment manquent aux formes et aux idées dont il cherche encore à s'étayer ; je ne vois que trop aussi combien l'économie politique, quelque rigoureuses que puissent être ses conclusions, est impuissante à contenir l'envie, à contenter la misère et à détourner la multitude qui ne l'écoute guère, de ces fatales expériences où vous voulez la pousser. Il faut à l'homme des motifs de soumission plus réels et plus sentis ; il faut à la société des liens plus forts et plus doux.

Il s'agit, selon moi, non pas de rajeunir, de renouveler la religion et la morale, non pas de les adapter au goût du jour, à l'usage d'une république, et de leur donner, de cette façon, la dignité d'une opinion, la durée d'une constitution, comme ont essayé de le faire les plus faux, les plus méprisables de tous les charlatans, les démagogues soi-disant chrétiens ; mais il s'agit de rappeler l'homme, non pas en esclave, mais en enfant soumis, à ces principes, selon moi, immuables, et, malgré vous, éternels, dans lesquels seuls il peut trouver ce qui manquerait également à son activité et à son repos, le devoir, l'espérance et la résignation. Ne croyez pas que ce soit seulement un frein à la pauvreté, un adoucissement à la misère, que je cherche dans la religion ; c'est bien plutôt aux riches et aux grands que je prêcherais le repentir. C'est une aristocratie épicuréenne qui a perdu la France, c'est une aristocratie presque austère qui peut seule la sauver.

Je ne poursuivrai pas plus loin un sujet sur lequel nous serions peu d'accord ; je rentre sur le terrain qui nous est commun, et peut-être, dans le peu qui me reste à dire, y aura-t-il une leçon utile aux miens comme aux vôtres, à moi-même comme à vous.

Nous vivons dans un temps où de toutes choses terrestres il ne reste debout que la raison humaine, où, pour arriver à la solution de ces questions qui tiennent tant d'esprits dans le doute et toutes les fortunes dans l'incertitude, pour échapper à des convulsions qui seraient sans résultat quand même elles ne seraient pas sans fin, il nous faut de toute nécessité, de la part de tous, le triage le plus sévère de toutes idées nouvelles, l'appréciation la plus juste et la plus patiente de tous les obstacles, et surtout l'examen le plus rigoureux de tous les faits, de toutes les expériences. Malheur à ceux qui, en se départant de ces conditions, s'efforceraient d'ôter à l'humanité son dernier espoir ! Malheur à ceux qui feraient, du seul flambeau qui nous reste, une torche incendiaire, et à ceux aussi, non moins pernicieux que les autres, qui jetteraient sur le chemin qui nous reste à parcourir, et que nous pouvons à peine entrevoir, les nuages dorés d'une vaine espérance !

Nous vivons aussi, c'est à un Français que je parle, *sous* un peuple que l'excellence, la rapidité du moins de sa logique, expose plus que tout autre à se fourvoyer dans ses conclusions. On fait toujours avec le plus de plaisir ce que l'on fait le mieux, et cette fatale facilité d'analyse et de déduction a toujours nui parmi nous, même quand la passion ne s'en mêlait pas, à l'observation des faits, c'est-à-dire à la recherche de la vérité.

Notre langue aussi, par son apparente perfection, ne s'est que trop prêtée à ce faible de notre esprit, nous faisant, par la précision admirable de ses formes et l'aisance trop assurée de son allure, trop souvent illusion sur le vague et l'incertitude de nos idées.

Malheur à ceux qui tourneraient contre ce peuple les facultés mêmes dont le ciel l'a doué! et pour tout dire en un mot, c'est un mot qui résume le fond de ma pensée, honte et malédictoin éternelle aux sophistes et aux phraseurs!

Moi-même, s'il peut retomber sur ma tête quelque reflet du blâme que j'ai déversé sur les autres, si je me suis laissé trop aller en ce moment à la contagion de vos métaphores, je me repentirais volontiers d'avoir jamais cherché dans mes paroles quelque chose de plus beau que le vrai; et si l'imagination n'avait aussi sa vérité, je serais content de me renfermer dorénavant dans la simplicité d'un style sévère et sec.

La tâche, quoi que nous fassions, que nous avons à remplir est assez difficile, la route est incertaine, la lumière douteuse, le jour même semble quelquefois tirer à sa fin; et vous avez raison de dire que, si j'avais pu choisir le temps où j'aurais placé ma vie, peut-être aurais-je préféré de naître à quelque point moins avancé de cette belle carrière que la France a fournie. Mais c'est une faiblesse aux sociétés comme aux hommes de trop se rappeler leur bel âge; j'accepte de vous cette analogie et la leçon qu'elle porte avec elle.

L'homme aussi voit souvent périr ou s'éteindre les objets et les sentiments qui avaient trôné en lui, qui remplissaient tout son présent, et dont la durée semblait être la mesure de son avenir ; mais c'est plutôt en lui pauvreté d'âme qu'excès de douleur ou d'affection, qui le pousse alors à rejeter avec dégoût ce qui lui reste encore de vie, et ceux qui survivent le plus fortement à leur bonheur sont aussi ceux qui ont le plus mérité d'être heureux. De même dans ce dénûment moral, cette désolation du cœur, dont la France est atteinte, il convient à sa grandeur et à son courage de relever la tête, de regarder en elle et autour d'elle pour voir, non-seulement ce qu'elle peut avoir de force pour résister aux maux qui la menacent, mais ce qu'en cas même de défaite, il lui resterait de moyens de bonheur ou de bien-être, que l'incrédulité ne peut flétrir, que l'anarchie même ne peut détruire.

Le soleil qui éclaira nos beaux jours, et qui fut si souvent témoin de notre gloire, versera encore ses rayons sur notre déclin ; le printemps aura ses fleurs, l'été sa magnificence et l'automne ses fruits ; il restera toujours à l'enfance ses jeux, à la jeunesse ses amours, à l'âge mûr la conscience de son énergie et la joie de ses luttes, à la vieillesse ses souvenirs, et la mort, ce refuge dont nous aurons tous besoin, cette victoire que nous avons tous à remporter.

Et comme espoir et moyen de cette reconstruction sociale qui se fera quelque jour, soit sur le vieux plan, soit sur un autre, il nous reste d'abord la justice, cette fille du ciel qui n'a pas encore délaissé la terre; il nous reste le sentiment d'une humanité commune, le désir en tous et pour tous d'un bien-être commun, en un mot, cette vraie fraternité qui survivra même au ridicule de vos parodies.

Par-dessus tout, comme règle et maîtresse de tout, il reste la vérité, c'est-à-dire la nécessité révélée à l'intelligence, devant laquelle, « soit qu'elle abaisse les trônes, soit qu'elle les élève, » auront également à se taire les prétentions des rois ou l'outrecuidance des peuples; devant laquelle aussi la richesse s'instruira de sa mission ou acceptera sa fin, le travail se fera à son avenir ou se résignera à son sort, le malheur renoncera à la vengeance pour revenir à la pitié, et l'esprit humain, à bout de toutes ses extravagances et vide de toutes ses tempêtes, apprendra enfin à se tenir en repos. *Magna est veritas, et prævalebit.*

FIN.